CÓMO BUSCAR

NICHOS DE

MERCADO

ONLINE...

Y GANAR DINERO

M. Morgan

Contenido

Capítulo 1: Introducción

Internet se ha convertido en la enciclopedia universal a la que todo el mundo acude para buscar información o acceder a su extenso almacenaje pudiendo encontrar cualquier cosa a cualquier hora del día o la noche.

Aunque los usuarios prefieren tener acceso a información de manera gratuita, no dudarán en pagar por ella si realmente la necesitan.

Tu tarea consiste en descubrir qué clase de información busca la gente y desarrollar o adquirir el producto o servicio que satisfaga sus deseos y necesidades.

En otras palabras, debes encontrar un nicho productivo o lo que es lo mismo un grupo definido de clientes potenciales con una necesidad o deseo específico y quienes esperan un cierto producto o servicio.

Para ello, necesitarás llevar a cabo una investigación sobre potenciales nichos de mercado, analizando la oferta y la demanda porque encontrar un nicho facilitará tanto el impacto que tu producto/servicio puede causar como tus futuras ventas.

Ten en cuenta que las grandes compañías y los expertos prefieren dedicarse al mercado de masas y evitan los pequeños nichos los cuales pueden estar disponibles para que tú les saques partido.

Además, un pequeño nicho es más fácil de controlar y mantener actualizado mientras que convertirse en un experto requiere una menor inversión de tiempo y esfuerzo que si enfocas tu objetivo en un sector más amplio.

Es más, tú no tendrás que buscar clientes y en vez de ello, siempre que ofrezcas un buen servicio, tus clientes vendrán a ti porque les estás ofreciendo algo que buscan, por lo que están dispuestos a pagar y que nadie más puede ofrecerles. Todo ello se puede convertir fácilmente en un mayor número de ventas y en más publicidad, ya que, tus clientes estarán dispuestos a recomendar tus productos/servicios a sus amigos, familiares y conocidos.

Un nicho es también un buen vehículo para mejorar la posición de una página web en el ranking de buscadores online.

Por ejemplo, si creas una página web dedicada a automóviles, te verás compitiendo con miles de páginas con el fin de lograr una buena posición en el ranking a la vez que tendrás que utilizar todas las herramientas de marketing a tu alcance y dedicar una gran cantidad de esfuerzo y tiempo a tu negocio a cambio de unas pocas ventas. Sin embargo, si eliges un pequeño nicho de mercado, las posibilidades de colocar tu negocio online en una buena posición en el ranking de las herramientas de búsqueda son mayores porque tienes menos competidores.

Los mejores nichos en los que concentrar tus esfuerzos son aquellos que ofrecen la posibilidad de obtener beneficios durante muchos años, atrayendo a nuevos clientes además de a los clientes ya existentes.

Por último, no olvides que un negocio online, al igual que cualquier otro tipo de negocio, necesita tiempo y esfuerzo para florecer. No esperes un flujo de efectivo de manera instantánea sin tener que invertir una gran cantidad de tiempo y esfuerzo en el proceso.

Deberás entender que aquellos emprendedores que consiguen hacer dinero en internet son los que ponen esa hora extra y sobreviven a los días difíciles cuando no se consigue ventas.

Por tanto, ahora es el momento de decidir: ¿vas a ser una de esas personas con éxito o uno de esos individuos con una tendencia a tirar la toalla a las primeras de cambio?

Siguiendo las sugerencias que se ofrecen en esta guía, la cual ha sido diseñada para elegir el camino adecuado para ti y tu negocio, serás capaz de identificar las tendencias en el mercado y recrearlas de acuerdo con tu nicho y tu personalidad. Te familiarizarás con un gran número de trucos mientras aprendes a construirte una reputación de experto y a ganarte la lealtad de tus clientes.

Si lo que buscas es un sistema milagroso que resuelva tus problemas financieros en un instante, este libro no es para ti. Pero si estás dispuesto a trabajar y no darte por vencido fácilmente, entonces lee esta guía y comienza a cambiar tu vida profesional.

Capítulo 2: ¿Qué es un Nicho?

El marketing enfocado a nichos de mercado no es algo nuevo ni mucho menos y consiste en estrechar el enfoque para abarcar tan sólo un pequeño segmento de ese mercado.

Enfocando tus esfuerzos en un nicho podrás ofrecer un trato y servicio más personalizado a tus clientes y obtener una amplia experiencia en menos tiempo a la vez que compites con un menor número de negocios.

El mayor error cometido por casi todos los "novatos" en el mundo del marketing online es intentar vender su producto o servicio a todo el mundo en vez de buscar el nicho apropiado y dejar que los clientes vengan solos.

A la hora de elegir un producto o servicio a ofrecer, deberás hacerte unas cuantas preguntas y contestarlas lo más honestamente posible:

- ¿Qué tipo de producto o servicio deseo vender?

- ¿Quién querría mi producto o servicio y quién los encontrarían beneficiosos?

- ¿Qué solución puedo ofrecer?

- ¿Mi proceso de distribución y envío es fácil y rápido?

Recuerda que el marketing online es enorme y que los nichos se encuentran en cualquier parte; el problema para mucha gente es que simplemente no saben por dónde empezar y no se dan cuenta de que las buenas ideas de negocio están en sus mentes.

Investiga y encuentra uno o dos nichos que puedan ser viables y que te harán sonreír durante todo el camino a tu banco.

No intentes competir con marketers experimentados que ya tienen sus productos establecidos en el mercado y se conocen todos los trucos de venta posibles si no quieres acabar en la ruina. En vez de ello, has de ser un poco más inteligente y ofrecer algo diferente o un nuevo enfoque de algo clásico. En otras palabras, has de ser único y especial.

Pero antes de embarcarte en la aventura de descubrir nuevos nichos has de saber que en internet, al contrario de lo que sucede en negocios físicos, hay algo sin lo cual no conseguirás que tu mensaje y producto lleguen a tus clientes potenciales: las palabras claves.

Capítulo 3: ¿Qué son las Palabras Claves?

Los motores de búsqueda tienen programas software llamados crawlers, o arañas, los cuales detectan las palabras claves y etiquetas de las páginas y generan un ranking con esa información.

Las palabras claves o palabras SEO (Search Engine Optimization) son aquellas palabras más buscadas por los motores de búsqueda y las cuales deben ser incluidas en cualquier texto insertado en la red, desde un artículo a noticias pasando por páginas webs.

Para ello, deberás utilizar un analizador de palabras claves como www.worldtracker.com (ofrece prueba gratis), www.wordstream.com (gratuito) o Google Trends (gratuito y quizás el más útil), los cuales te permiten introducir la palabra o palabras que deseas localizar y llevar a cabo comparaciones entre distintas palabras y frases que te darán una idea de cuáles son las palabras más introducidas por los usuarios en los buscadores online.

Las palabras claves se han de insertar en cada título y subtítulo, en las descripciones de las imágenes, en las dos primeras frases de cada párrafo, en la descripción de su página en HTML y en el texto, distribuyéndose a través de él en forma de tela araña.

A la hora de escribir, ten en cuenta que las palabras claves deben constituir entre un 2 y un 6 por ciento del contenido del texto. Por ejemplo, si tienes un texto de unas 500 palabras, las palabras claves deberán incluirse entre 10 a 30 veces pero teniendo cuidado de no excederse en su uso o los buscadores identificarán el contenido como spam.

Un buen plan de palabras SEO te generará más beneficios para tu negocio de lo que puedas imaginar siendo crucial que las elijas adecuadamente, encontrando el equilibrio perfecto entre palabras muy competitivas y esas que no son tan populares pero aún resultan atrayentes a los usuarios y buscadores.

Ten en cuenta que si utilizas palabras claves que nadie busca, tu texto o página web no recibirá ningún visitante. Por otro lado, si utilizas las palabras claves adecuadas todavía tendrás que competir con muchas otras páginas para atraer tráfico pero tendrás la mitad del camino recorrido.

Es recomendable que cada vez que añadas un texto en internet (un título, imagen, texto, noticia, artículo) elabores un listado de palabras claves y utilices los analizadores para comprobar su popularidad y admitir sugerencias sobre otras palabras.

Palabras Claves de Cola Larga

Las Palabras Claves de Cola Larga son frases compuestas por tres o más palabras que se convierten en frases de búsqueda utilizadas por los usuarios para encontrar los productos o servicios que intentan adquirir.

Cuando los usuarios desean encontrar información o buscan algo por curiosidad, normalmente insertan una o dos palabras en los motores de búsqueda. Sin embargo, cuando están listos para comprar sus búsquedas son más específicas e introducen más palabras para encontrar exactamente lo que desean. Estas palabras son conocidas como palabras claves de cola larga.

Capítulo 4: Cómo Crear un Listado de Palabras Claves

A medida que las palabras claves se hacen más indispensables a la hora de desarrollar una campaña de marketing online, es de vital importancia crear listados enfocados en aquellas frases y sus variaciones que un usuario pudiera introducir en las herramientas de búsqueda.

Si deseas atraer más visitantes a tus productos, simplemente sigue el mismo método que los usuarios siguen para realizar búsquedas.

Recuerda que llevar a cabo una investigación de palabras claves es uno de los pasos más importantes en el proceso de identificar y elegir un nicho de mercado y, aunque puede llevarte mucho tiempo, te será totalmente recompensado.

Una buena técnica para hacerse con palabras claves es analizar el texto sobre el cual se desea escribir y elaborar un listado de aquellas palabras que se considere que los usuarios buscarían para dar con la información contenida en tu texto.

A continuación, visita un analizador de palabras claves y comprueba la popularidad de esas palabras.

El analizador también te ofrecerá alternativas y de ese modo sus palabras claves serán más acertadas. Al utilizar buscadores de palabras claves gratuitos como www.googletrends.com obtendrás alrededor de 5 palabras que la gente busca al menos 150 veces al mes.

Por otro lado, visitando páginas como www.ezinearticles.com (directorio de artículos) podrás encontrar muchas palabras interesantes simplemente introduciendo una palabra clave en el apartado de búsqueda.

La búsqueda te facilitará el número de veces que esa palabra aparece en los artículos de la base de datos y podrás saber si son utilizadas como palabras claves en esos artículos o no y su importancia dentro del artículo.

Deberás prestar atención a las palabras claves utilizadas en los artículos más relevantes de la página. Elige algunas de esas palabras e introdúcelas en los analizadores y buscadores online con el fin de saber cuántos competidores tendrías. Con algo de suerte, al final del proceso tendrás entre 10 a 15 palabras muy buscadas y con pocos competidores.

Para construir un listado de palabras claves también puedes hacer lo siguiente:

1. Visita las páginas de tus competidores y presta atención a las etiquetas, títulos, subtítulos, encabezados y descripciones de las imágenes.

2. Busca nombres de marcas en internet. Al introducir tu búsqueda, la herramienta te mostrará búsquedas similares que otros usuarios han llevado a cabo. Además, puedes introducir palabras frecuentes para obtener otras búsquedas similares.

3. Lee las opiniones de tus clientes y busca palabras que ellos repitan con lo cual tendrás una visión de lo que hay en la mente de tus clientes.

4. Busca sinónimos a través del "thesaurus" de Word o visitando www.Lexfn.com.

5. Piensa en palabras en singular pero también en plural.

6. Utiliza verbos. Por ejemplo: ver, visualizar, vivir, venir.

7. Utiliza variaciones de una misma palabra.

8. Compra libros especializados en tu sector y échale un vistazo a los índices y glosarios.

9. Ten en cuenta los nombres de los dominios de páginas muy visitadas porque son capaces de atraer mucho tráfico. Por ejemplo en julio del 2004 casi 650,000 personas buscaron el dominio www.cnn.com en un solo buscador.

10. Utiliza analizadores de palabras claves que te ayudarán a encontrar combinaciones de palabras claves relacionadas con tu producto/servicio.

11. Utiliza abreviaturas.

12. Utiliza acrónimos. Un acrónimo es una palabra formada con las letras iniciales de un nombre. Por ejemplo: maxima revelancia= MR.

13. Combina tu palabra clave. Por ejemplo:

- casas de madera => casasdemadera; casamadera.

14. Utiliza "+" con las palabras claves. Por ejemplo:

- casas+madera

Una vez que tengas un listado de palabras claves, colócalas en orden de número de búsquedas diarias, poniéndolas en orden descendiente de más a menos buscada.

Como parte de tu investigación, no olvides buscar palabras claves competitivas. Por ejemplo:

Cómo hacer, cómo escribir, cómo crear, etc.

Quitar

Reparar

Ayudar

Solucionar

Solución

Síntomas

Comparación

Cura

Tratamiento

Alivio

Comprar

Utiliza el siguiente listado como punto de partida si así lo deseas pero recuerda que estas preguntas son tan sólo la punta del iceberg en cuanto a preguntas frecuentes se refiere y que hay miles de preguntas y problemas para los que la gente busca una solución en internet como:

¿Cómo mejorar la resolución de una imagen?

¿Dónde puedo vender mi coche de segunda mano?

¿Es Botox seguro?

¿Son seguros los implantes de pecho?

¿Cómo eliminar la celulitis?

¿Cómo puedo saber qué tipo de piel tengo?

¿Cómo crear un negocio desde casa?

¿Cómo escribir un plan de marketing?

¿Cuánto dinero se necesita para comenzar un negocio?

¿Cuánto se gana con un blog?

¿Cómo atraer tráfico a una página web?

¿Cómo hacer una pizza casera?

¿Cocinar con microondas es seguro?

¿Cómo tratar con niños abusivos?

¿Los colegios privados son mejores que los públicos?

¿Cómo conseguir una beca para la universidad?

¿Cómo hacer dinero en bolsa?

¿Cómo entrenar para un maratón?

¿Cuántas horas debe dormir un niño?

¿Cada cuánto tiempo se lleva a una mascota al dentista?

¿Cómo se desarrollan músculos?

¿Cómo plantar un huerto urbano?

¿Cómo atraigo pájaros a mi jardín?

¿Cada cuánto tiempo se debe reparar el tejado?

¿Cómo consigo una referencia profesional?

¿Qué son los derechos de autor?

¿Cómo descargar música legalmente?

¿Cómo aprender a tocar la guitarra?

¿Cómo afinar una guitarra?

¿Qué es mejor un perro o un gato?

¿Cómo comprar una casa después de un desahucio?

¿Cómo cerrar la puerta a una antigua relación amorosa?

¿Funcionan las relaciones a distancia?

¿Qué preguntas me harán en una entrevista de trabajo?

¿Cómo convertirse en modelo?

¿Cómo convertirse en actor/actriz?

¿Cómo escribir un currículum vitae?

¿Cómo escribir una carta de despido?

¿Cómo encontrar trabajo temporal?

¿Cómo superar el miedo a hablar en público?

¿Cómo controlar el estrés?

¿Cuál es el equipo más famoso en deporte?

¿Cómo escribir un libro?

¿Cómo escribir una bibliografía?

¿Cómo promocionar una novela online?

Capítulo 5: La Importancia de Elegir el Nicho Adecuado

Seleccionar el nicho adecuado puede marcar una gran diferencia entre ganar unos pocos euros u obtener un salario decente. Lo más importante a recordar a la hora de elegir un nicho es que sea imperecedero, algo que pueda seguir generando beneficios a lo largo de los años en vez de una moda pasajera que durará tan sólo unos meses. Una de las mejores formas de averiguar si un nicho tendrá una larga vida es buscando su historial y desarrollo con la ayuda de las herramientas de búsqueda online y los analizadores de palabras claves.

La principal característica de un nicho es que la competencia será muy baja, aunque también habrá menos clientes.

Esto significa que tendrás que ofrecer algo único y diferente que no ofrezcan tus competidores. Puede ser cualquier cosa: mejor calidad, menor tiempo de entrega, envío más barato o gratuito, servicio de atención al cliente de 24 horas, regalo extra, información adicional gratuita, garantía de devolución, etc.

Uno de los errores más comunes entre los recién estrenados marketers es elegir el mercado erróneo. De esta manera, se encuentran a sí mismos promocionando un producto o servicio con una bajísima demanda o, en la mayoría de los casos, con un gran número de competidores experimentados. El resultado es una considerable pérdida de tiempo, esfuerzo y dinero.

Asegúrate de que hay un mercado y necesidad real para tu producto o servicio. Aunque no es totalmente necesario, es preferible que tengas conocimientos de ese nicho porque tu trabajo será más productivo (y menos aburrido) si estás interesado en ese sector. Una vez que establezcas tu primer nicho y adquieras algo más de experiencia te será más fácil crear y desarrollar otro nicho y así obtener más beneficios.

Capítulo 6: Elegir Tu Enfoque

A la hora de buscar un nicho adecuado, deberás tomar la primera decisión: basar tu nicho en un producto/servicio o enfocarlo en un tipo de clientela en concreto.

Un buen consejo es vender aquello que la gente ya compra, identificando brechas en el mercado y construyendo un nicho alrededor de ellas. Por ejemplo, descubre que tipo de libros busca la gente y no están disponibles en el mercado. Si encuentras esa información y ofreces un libro en ese tema, podrás convertirte en una autoridad en ese sector.

Otro modo de crear un nicho basado en un producto o servicio es darle un nuevo giro o enfoque a productos o tendencias populares, personalizándolos aún más.

Por otro lado, el nicho basado en clientela se enfoca principalmente hacia un interés o información en concreto. Tendrás que identificar problemas (financieros, de salud, etc.) y dividirlos en categorías menores (por ejemplo, créditos o alergias).

El siguiente paso consiste en dividir cada categoría en sub-categorías hasta estrechar el mercado y encontrar el producto/servicio adecuado. La mayoría de las veces no se tiene ni idea del producto/servicio que se desea ofrecer cuando se empieza a pensar en ello y te sorprenderá la cantidad de ideas que aparecen casi de la nada.

Capítulo 7: Cómo Identificar un Nicho

El primer paso para identificar un nicho productivo es desarrollar una sesión de brainstorming o lo que es lo mismo pensar detenidamente en los pros y contras de cada producto y en sus posibles derivaciones. Este proceso te ayudará a generar un listado de mercados potenciales para investigar.

1. Escribe un listado con tus intereses, conocimientos y puntos fuertes y analiza tus aficiones, habilidades y experiencias para poder enfocar tu posible nicho de mercado.

Por ejemplo, si tu pasión es la música, tu posible mercado es muy amplio y abarca desde áreas como ventas de instrumentos a instrumentos antiguos pasando por reparaciones u objetos de coleccionista.

Cada una de estas áreas se puede dividir en otras: músicos, fans, museos de música, etc. Esto significa que tendrás que dividir en áreas e investigar cada una de ellas fijándote en la competencia y en si la gente busca ese determinado producto o no.

2.- Repasa toda tu vida y rutina diaria y escribe cualquier cosa que sepas hacer. Aún más, pregunta a amigos y familiares sobre sus habilidades y conocimientos. Una combinación de ambas cosas te puede proporcionar una lista larga y única de posibles nichos a explorar.

3.- Revisa tus estanterías y échale un vistazo a tus libros de referencias a la vez que realizas una búsqueda online. Revisa artículos que hayas leído o cursos que hayas seguido.

4.- Presta atención a lo que la gente comenta sobre sus aficiones e intereses e identifica las tendencias del mercado. Los mercados cambian constantemente y con esos cambios llegan nuevos problemas y soluciones como nuevos planes dietéticos o nuevas tecnologías que podrán convertirse en nuevas posibilidades de negocio.

Estudia los huecos en el mercado para averiguar que tendencias no se han cubierto y busca nuevas soluciones para viejos problemas. Pregúntate a ti mismo si hay algún hueco para necesidades individuales que no se están cubriendo y si puedes enfocar esos problemas desde un ángulo diferente.

5.- Echa un vistazo a algunas revistas especializadas en tu nicho. Mira cuántos anuncios hay sobre un determinado producto o servicio porque si hay varios significa que ese producto vende. Presta atención a los anuncios principales y pide más información en caso de que fuera gratis. Entonces, comprueba cuando tiempo tarda en llegar esa información y qué producto o servicio ofrece. El siguiente paso es preguntarte a ti mismo (y ser totalmente honesto al respecto) si podrías mejorar la calidad de lo que esas personas ofrecen.

6.- Lleva a cabo una investigación online basada en tu lista. Echa un vistazo en eBay para conocer las distintas sub-categorías expuestas en la página y averiguar cuáles son las más activas y las más que generan más dinero.

No olvides visitar los foros relacionados con tu posible nicho y fijarte en lo que la gente busca.

Investiga qué productos o servicios tienen una baja competencia. Una buena idea es echar un vistazo a las páginas "cómo hacer", "cómo...", etc., ya que, esos sitios ofrecen una gran cantidad de información sobre diferente productos y servicios.

Puedes revisar que cursos online son muy populares y qué categorías tienen.

Por último, visita www.amazon.com si existe un nicho en tu producto/servicio elegido; fíjate en los más vendidos y obtén ideas sobre qué es lo que se vende, intenta averiguar si hay un hueco en el mercado que puedas llenar y lee las opiniones de los clientes.

7.- Utiliza palabras claves para averiguar si un posible nicho ya existe y cuántas personas buscan el producto o servicio que tienes en mente. Al hacer esto te puedes encontrar con tres situaciones distintas: la confirmación de que tu idea es viable y merece algo más de investigación; tener que desechar la idea porque nadie busca aquello que tú deseas ofrecer; o el descubrimiento de otros nichos similares y que nadie está explotando. Ten en cuenta que debería haber al menos 25000 búsquedas de una palabra clave para que tu posible nicho sea productivo.

Así, si buscas un producto relacionado con guitarras las palabras claves a investigar podrían ser: cuerdas, reparaciones, segunda mano, etc. Como resultado te toparás con una serie de palabras y frases relacionadas con guitarra como agujas para guitarras, forros para guitarras, etc. El siguiente paso es hacer lo mismo pero con frases en vez de con palabras. Podrás utilizar frases como "coros de guitarras", "cómo tocar la guitarra", "clases de guitarra", "clases de guitarra para zurdos", etc.

8.- Revisa las noticias y abre tu mente a oportunidades, prestando atención a lo que escuchas en el transporte público, de los anuncios que ves en la calle, etc.

9.- Averigua cómo hacen dinero otras personas para saber si el nicho es productivo o no. Ten en cuenta que no está mal tener unos cuantos competidores pero si el número es realmente alto, mejor que cambies de opinión o perderás el tiempo en un nicho que sólo te aportará unas pocas monedas.

10.- Elige el tipo de producto o servicio a ofrecer. Si quieres vender un libro electrónico y siguiendo con el ejemplo de la música, escribe algo como "cómo reparar guitarras" o "cómo tocar la guitarra" pero asegúrate de darle un toque único. Por otro lado, si deseas crear algo totalmente diferente tendrás que escribir algo como agujas personalizadas para guitarra, cuerdas de guitarra personalizadas, como personalizar tus cuerdas de guitarra, etc.

El mercado de la personalización es muy popular y si consigues crear ese producto único tendrás a un montón de amantes de guitarras tocando a tu puerta.

11.- Recuerda enfocar en algo especializado en vez de intentar vender algo que muchos otros competidores ya ofrecen. Para ofrecer una solución en un nicho en concreto, necesitarás averiguar cómo enfocar ese nicho desde una posición diferente para hacer la oferta más atractiva.

Así, si tu negocio está enfocado en libros electrónicos puedes evitar cientos de competidores si especializas tus libros. Por ejemplo, si quieres escribir libros sobre deportes una buena idea es especializarlos en deportes en el exterior o deporte paraolímpicos.

Finalmente, ten en cuenta que tendrás que pasarte días, incluso semanas, para encontrar ese nicho que los demás están pasando por alto.

Capítulo 8: Los Principios de un Nicho Productivo

Existen una serie de "principios sagrados" a tener en cuenta a la hora de iniciar la búsqueda de un nicho productivo:

1. Principio de "Adaptación". Copia ejemplos de éxito de otros negocios e intenta adaptarlos a tu negocio, producto o servicio.

2. Principio de "Adicción". Añade algo extra a tu producto o servicio que tus competidores no ofrezcan.

3. Principio de "Combinación". Pregúntate a ti mismo que elementos positivos puedes utilizar de otros productos o servicios para mejorar el tuyo.

4. Principio de "Personalización". Personaliza tu producto o parte de él porque a los clientes les encanta ese toque personal que convierte a su producto en único y exclusivo.

5. Principio de "Facilidad". Haz tu producto o servicio más fácil de comprar, utilizar o manejar para así atraer más clientes.

6. Principio de "Eliminación". Pregúntate a ti mismo si puedes eliminar un inconveniente o problema con tu producto o servicio prometiendo menos riesgo, dolor, espera, etc.

7. Principio de "Longevidad". A la gente no le gusta invertir dinero en algo que no dura. Por tanto, asegúrese de que su producto/servicio ofrece alguna característica que lo hace duradero.

8. Principio de "Diversidad". Diversifica tus productos o servicios. Por ejemplo, si enfocas hacia un público joven, ofrece también algo a un público mayor.

9. Principio de "Seguridad". Muestra cómo tus productos o servicios reducen riesgos y/o añaden seguridad. La gente odia experimentar pérdidas, perder dinero o sentirse inseguros.

10. Principio de "Velocidad". Hoy más que nunca la gente detesta tener que esperar. Intenta encontrar el modo de desarrollar un servicio o producto que ofrezca resultados rápidos o resuelva problemas de manera casi inmediata.

11. Principio de "Eso Otro". Se dice que el secreto del éxito consiste en estar dispuesto a hacer aquello que los demás no quieren o les gusta hacer. Averigua aquello que a la gente no le gusta hacer y cóbrales por hacerlo porque si ofreces algo que tus competidores no desean hacer por sus clientes, básicamente el nicho será tuyo.

Capítulo 9: Cómo Elegir un Nicho Productivo

Lo primero a tener en cuenta es que no puedes esperar que el éxito te llegue de la noche a la mañana ni tampoco puedes esperar un gran apoyo de tus familiares y parejas quienes a buen seguro preferirían que tuvieras un trabajo de 9 a 5 con un sueldo fijo. Mucha de la gente que te dirá que abrir un negocio es una locura, probablemente querrían establecer un negocio ellos mismos pero no encuentran el valor suficiente para hacerlo. Esto significa que posiblemente están esperando que fracases de manera que puedan justificar sus miedos e inseguridades. Por lo tanto, es esencial que te mantengas concentrado y con una mentalidad positiva.

No olvides que cualquier negocio requiere una inversión ya sea en forma de dinero o tiempo. Incluso si un negocio online es más barato que uno físico, tarde o temprano necesitarás invertir parte de tus beneficios en programas de software, profesionales freelance y diferentes herramientas y cursos que te mantengan al día con las últimas tendencias.

Un nicho de mercado productivo es aquel que tiene clientes potenciales y que no está dominado por negocios ya establecidos.

Una vez que decidas que nicho quieres desarrollar, investiga y aprende todo lo que necesites saber.

Un ejemplo de nicho de mercado sería "mujeres golfistas que quieren aprender a lanzar las bolas más lejos" en vez de "cómo tener un mejor swing" porque todo el mundo que practica golf desea tener un buen swing y, por tanto, has de estrechar más el enfoque.

Otro ejemplo es enfocar en "cebos para pesca" en vez de en "practicar la pesca" porque el área es demasiado grande para ser considerada un nicho.

Una vez que elijas tu nicho, deberás elegir cómo convertirlo en dinero. Para ello necesitarás decidir si vas a vender productos físicos (produciendo y distribuyendo tus propias creaciones o comprándolos al por mayor y vendiéndolos al detalle); ofrecer servicios como diseño de páginas web o servicios de consultoría; comprar productos digitales como libros electrónicos o informes; o hacer dinero a través de anuncios y/o programas de afiliados (se explicará más adelante).

Puedes utilizar una de estas opciones o una combinación de ellas, ya que no hay razón para limitarte a un solo producto/servicio.

Visita un blog o foro relacionado con tu nicho y prueba la viabilidad de tus productos ofreciéndolos durante unos días, gratuitamente o a un precio bajo, a cambio de una dirección de correo electrónico y una opinión. Así, sabrás si tu producto tendrá éxito a la vez que creas una base de datos de clientes potenciales y obtienes algunas opiniones valiosas sobre tus puntos fuertes y las cosas a mejorar.

A la hora de decidir que producto es el adecuado para ti, debes llevar a cabo una serie de tareas:

- Visita www.clickbank.com (página de compra-venta de productos/servicios) y descubre que productos ofrecen prestando especial atención a los que se venden bien.

- El próximo paso es descubrir si hay muchas páginas que ofrezcan información gratis sobre ese producto que tienes en mente. Si el número de páginas gratuitas es elevado, tu producto no venderá pero si es moderado, podrás darle un nuevo enfoque a tu producto y utilizar esas páginas para reunir información relevante y útil.

- Echa un vistazo a los recursos gratuitos ofrecidos en páginas de afiliados como artículos, gráficos, informes, palabras claves y otra información que te podrá resultar beneficiosa para desarrollar el marketing de tu producto.

- Pregúntate a ti mismo qué opciones tiene tu producto teniendo en cuenta que lo más seguro es que alguien más ya venda algo parecido.

Recuerda que no todos los nichos son productivos y que elegir el nicho erróneo significará que tus posibilidades de éxito se reducirán al menos en 10. Por tanto, si al llevar a cabo tus investigaciones te das de bruces con un mercado que nadie busca en internet, eso significa que ese mercado no es productivo.

Ten en cuenta que la investigación con palabras claves no te dice que tipo de servicio o producto personalizado buscan los usuarios y si éstos se podrían convertir en compradores. El problema es que los analizadores de palabras claves no pueden contestar estas preguntas, ofreciendo más bien una visión global de tendencia y competidores.

Para encontrar la información que necesitas y saber si un negocio está saturado, tendrás que llevar a cabo otras tácticas de investigación como introducir las palabras claves en las herramientas de búsqueda.

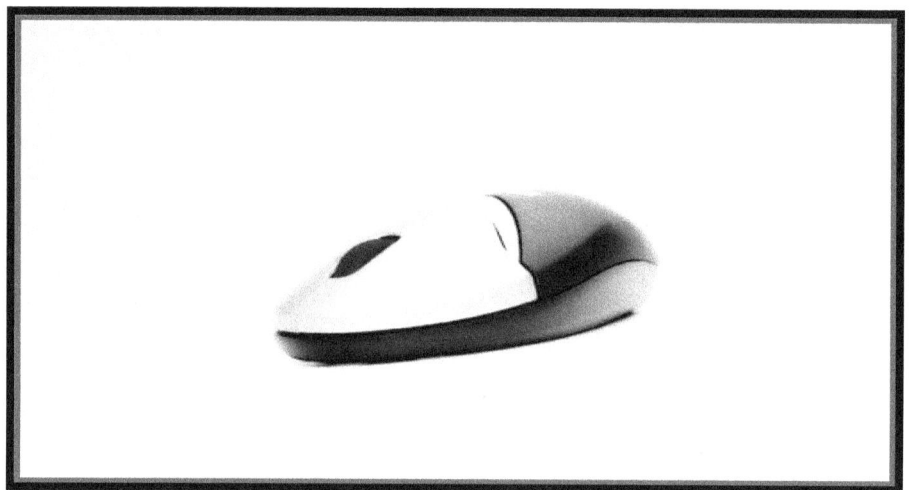

A menudo es difícil distinguir entre una competencia saludable (una cierta competición es buena porque es un signo de que el mercado es sólido y que la gente compra ese producto) y un mercado saturado.

Para saber si tu mercado es viable o no, necesitarás comparar tus palabras claves con el número de búsquedas o las páginas introducidas en herramientas como Google. Por ejemplo, si las palabras claves de tu nicho reciben alrededor de 500 búsquedas al mes y Google asegura que hay 550,000 sitios que contienen esa palabra, tu mercado está saturado.

Por otro lado, si encuentras un nicho con pocos competidores y anuncios puede que estés frente a un mercado que no está siendo cubierto o un mercado muerto.

Para saber si ese mercado tiene futuro o no, una buena idea es elaborar una encuesta y preguntar a los miembros de foros relacionados con tu producto si serían tan amables de contestarla, quizás a cambio de un pequeño regalo. De esta manera tendrás una visión global de lo que la gente está buscando, de cuánto estarían dispuestos a pagar y de si tu nicho tiene futuro.

Capítulo 10: Analiza Tu Producto o Servicio

Una vez que decidas si tu futuro producto es viable o no, tendrás que analizar tanto tu producto como a tus competidores para decidir cuál sería la mejor forma de presentarle ese producto a tu futura clientela. Para ello:

1. Piensa detenidamente sobre tus productos o servicios con el fin de encontrar nuevas ideas.

2. No seas muy crítico o ralentizarás el proceso creativo.

3. Mantén la sesión creativa relajada y con un espíritu positivo, sin olvidarte de tu sentido del humor.

4. Escribe tus ideas en una hoja de papel.

5. Establece un mínimo de tiempo o ideas a conseguir en cada sesión de brainstorming porque te ayudará en el proceso y evitará una sesión que parece no acabar nunca.

6. Escribe el problema, objetivo o tema al comienzo de una hoja de papel. Por ejemplo: "Formas de Atraer Nuevos Clientes". Escribe cada idea (buena o mala) porque el objetivo es obtener el mayor número de ideas posible.

7. Evalúa las ideas más adecuadas y viables y ponte manos a la obra.

Capítulo 11: Construye una Página Web para tu Nicho

El primer paso para atraer clientes a tu sitio web que resulte fácil de acceder y navegar para los visitantes. Las buenas noticias son que hay varias opciones disponibles para crear una página web, ya que, puedes construirla tú mismo utilizando HTML, un procesador de Word, un editor de HTML o un blog utilizando Wordpress. Si utilizas un procesador de Word o un editor de HTML, puedes crear una página web con la ayuda de las plantillas y herramientas incluidas en estos programas.

El Programa HTML

HTML es un lenguaje de programación utilizado para construir páginas web.

La razón es que, en general, HTML es más fácil de aprender y aplicar que la mayoría de los lenguajes de programación pudiéndose diseñar con la ayuda de una serie de etiquetas y atributos.

HTML es tan fácil que se puede aprender a través de un curso o tutoriales on-line, muchos de los cuales se pueden encontrar gratis en Internet.

Sin embargo, si deseas crear páginas con un diseño más profesional, tendrás que aprender a utilizar scripting junto con HTML.

Procesador de Word

La mayoría de los procesadores de Word actuales, como las nuevas versiones de Microsoft Word o Word Perfect, pueden crear documentos de HTML.

Para conseguir esto, tan sólo tendrás que diseñar la página web en un documento como Word y grabarlo como un documento de HTML o de página web filtrada en la opción "grabar como". Dependiendo de lo reciente que sea el programa de procesador Word, serás capaz de diseñar su página web utilizando una apariencia de página web.

El punto negativo de esta opción es que las páginas web creadas con procesadores de Word tienden a aparecer distorsionadas siendo muy difícil ajustarlas, tarea para la cual se tendrá que invertir muchas horas de edición con el fin de obtener resultados decentes.

En este caso, la única alternativa es tratar de mantener un diseño lo más simple posible teniendo en cuenta que es mejor una página sencilla pero rentable que una larga y complicada página que presenta una apariencia muy barata.

Editores de HTML

Los programas editores de HTML están diseñados para ayudarle a crear o editar documentos en HTML, sin tener conocimientos previos de HTML.

Los editores HTML son más caros que los procesadores Word (con excepción de Frontpage) pero los resultados finales son mucho más profesionales. Los editores de HTML más populares y utilizados son Dreamweaver y Microsoft Office Frontpage.

Plantillas

Las plantillas para páginas web se pueden utilizar con procesadores de Word y con editores de HTML siendo una buena alternativa para aquellas personas que no tienen los conocimientos y/o el tiempo necesario para diseñar todos los elementos gráficos de una página web.

Hay literalmente miles de plantillas disponibles y algunas de ellas son gratuitas e igualmente efectivas que las versiones de pago, aunque con diseños más simples.

Puede adquirir plantillas a precios accesibles en sitios como www.e-Bay.com. Otra alternativa es utilizar una plantilla adquirida en su compañía de alojamiento de páginas web la cual se podrá diseñar con la ayuda de un editor disponible en su cuenta.

Existen páginas como Yahoo Stores especializadas en el diseño y desarrollo de tiendas online, permitiendo construir un sitio de e-commerce muy similar a grandes como www.amazon.com o www.buy.com.

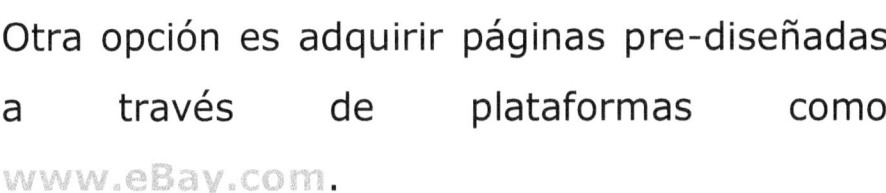

Páginas Pre-Diseñadas

Otra opción es adquirir páginas pre-diseñadas a través de plataformas como www.eBay.com.

Cuando adquieras páginas pre-diseñadas, el contenido y los gráficos ya han sido desarrollados y tú sólo tendrás que subir tu página a una cuenta de alojamiento de webs, introducir el contenido y comenzar la campaña de marketing.

Utiliza hosters como Homestead (www.homestead.com), Joomla (www.joomla.com) o Dupral (www.drupal.com).

Respecto al diseño de la página web lo mejor es mantenerlo lo más simple posible. Los sitios web más efectivos son aquellos que tienen el logo de la empresa y anuncios en la parte alta, enlaces a otras páginas interesantes en la parte izquierda de la pantalla y el contenido en la parte derecha o enlaces a ambos lados y el contenido en el medio.

Ten cuidado con los colores y diseño, una combinación de diseños suaves no causa dolores de cabeza o rechazo a los visitantes mientras que insertar un diseño simple que le permita a los navegantes encontrar aquello que busca fácilmente sin perderse en la página, es crucial.

Crea títulos descriptivos que salten a la vista y estructura tu contenido de tal manera que la gente lo pueda leer con facilidad, utilizando algo de multimedia (sin sobrecargar el sitio con ello) que ofrezca una experiencia divertida al visitante. Recuerda que si las personas que visitan tu página tienen una experiencia positiva, volverán para obtener más información y/o productos.

Es esencial incluir contenido y ponerlo al día constantemente no sólo con el fin de ofrecer información a tus clientes potenciales sino también para que atraer las visitas de los buscadores ávidos de nuevo contenido.

Pregunta a amigos y familiares que te den su honesta opinión sobre tu página web antes de comenzar tu estrategia de marketing.

Una vez que su página web esté establecida, es el momento de enfocar tus esfuerzos en aumentar la visibilidad de la página para mejorar su posición en el ranking de los buscadores y que las herramientas de búsqueda la coloquen en las primeras páginas de resultados tras una búsqueda. Ten en cuenta que cuando la gente busca algo en internet, invariablemente miran los primeros resultados mostrados por la herramienta de búsqueda.

Visita las mejores 10 páginas en tu nicho y analiza su contenido, palabras claves (y su localización dentro del texto), así como, los enlaces utilizados por esas páginas.

También, presta atención a algunas ideas sobre diseño como colores, foros y otras características de las páginas.

Al visitar otras páginas populares, podrás identificar algunas buenas ideas para mejorar la apariencia y contenido de la tuya con tan sólo copiar su éxito pero siendo cuidadoso de no cometer plagio.

Así mismo, es importante subir las páginas de su sitio web cada vez que se actualice algo para atraer a los motores de búsqueda ávidos de nuevo contenido.

Es importante introducir material de Google en tu sitio web, incluir enlaces a YouTube, así como, una dirección de gmail, un mapa de Google y una cuenta en la plataforma social Google+.

La razón de utilizar productos de Google es que, en la actualidad, Google es el buscador que más visitantes recibe y cuántos más productos suyos tengas en tu sitio, más alto te colocará la página en su ranking de resultados.

Cuando estés preparado para revisar el ranking de tu página, puedes utilizar gratuitamente Google PageRank Report y enfocar tus esfuerzos en mejorar el resultado de tu página en los motores de búsqueda.

Capítulo 12: Analiza a Tus Competidores

Al invertir algo de tiempo en analizar a tus competidores, serás capaz de crear un sitio web más competitivo. Para analizar a tus posibles competidores, deberás introducir tus palabras claves entre comillas en las herramientas de búsqueda y fijarte en lo siguiente:

- El tipo de páginas que ocupan las primeras posiciones, qué producto/servicio ofrecen y a qué precio.

- El número y tipo de anuncios que aparecen en ellas.

- El número de páginas que aparecen cuando buscas palabras claves entre comillas y luego sin comillas.

- Si al introducir tus palabras claves obtienes un resultado de unos cuantos cientos (incluso unos pocos miles) y un número decente de anuncios, significa que la palabra clave realmente funciona. Tendrás que llevar a cabo este proceso con cada una de las palabras claves que hayas listado.

- Presta atención al aspecto de las páginas web fijándote en los colores, columnas, imágenes, tipo y tamaño de los artículos, etc.

- El siguiente paso es echar un vistazo a los enlaces en las páginas web que ocupan las primeras posiciones en el ranking y ver si tienen contenido de calidad. Uno de los mejores indicadores es http://www.bing.com/toolbox/webmaster porque con esta herramienta puedes saber cuántos enlaces de entrada y salida tiene la página y desde dónde vienen.

- Ten en cuenta tus puntos fuertes y debilidades y compáralos con los de tus competidores. Deberás preguntarte a ti mismo si eres capaz de llenar el hueco que ellos han dejado y si eso te reportará beneficios.

- Ponte en contacto con los administradores de páginas web que ofrezcan un producto similar pero no igual al tuyo y que, en cierto modo complemente al tuyo y sugiéreles la posibilidad de una promoción recíproca en vuestras páginas y acceso a la base de clientes de ambos. De esta manera, no sólo eliminarás competidores potenciales sino que aumentarás tu visibilidad y base de posibles clientes.

Capítulo 13: Subir Contenido a Una Página Web

Ahora que has elegido tu nicho de mercado y tus palabras claves, el siguiente paso es generar el contenido suficiente para atraer tráfico y clientes a tu página.

Hay dos maneras de crear contenido de calidad: una es desarrollándolo tú mismo y la otra es contratando los servicios de un profesional que haga el trabajo por ti.

Recuerda que calidad es mejor que cantidad y que, cuando se trata de productos online, el 80% de la compra la consigue un diseño tentador. Por tanto, es sumamente importante que el diseño del producto (carátula de un libro, por ejemplo) sea lo más profesional y tentador posible.

Para crear tu producto, necesitarás crear contenido para cada producto/servicio que desees ofrecer porque a algún punto tendrás que llevar a cabo una campaña de marketing para promocionar tus productos o servicios por separado.

Visita páginas como Yahoo Answers con el fin de saber que problemas afectan a la gente y que soluciones podrías aportar. Si prestas atención podrás identificar un par de títulos de primera para tus artículos y una lista de temas sobre los que podrías escribir.

Para generar contenido, puedes ofrecer noticias, artículos, tomar prestado material multimedia y enlaces a otros artículos, efemérides, etc. Otra posibilidad es ofrecer cursos online, información sobre productos, video tutoriales, webinars e incluso abrir un foro para que tus visitantes puedan participar activamente en tu página.

Idealmente, deberías escribir un artículo original de unas 600 palabras y 3 artículos de la misma longitud re-escritos a partir de ese artículo original. Así mismo, necesitarás 2 artículos originales de unas 300 palabras cada uno más otras 3 variaciones de estos artículos. En total deberás tener cuatro artículos largos y ocho artículos cortos los cuales podrás subir a los directorios de artículos, ya que, subir artículos a directorios es un modo muy simple y gratuito pero efectivo de generar interés y atraer tráfico a tu página web.

A través de los directorios de artículos, los usuarios pueden leer tus artículos e incluirlos en sus páginas web o blogs de manera gratuita.

A cambio, esos usuarios se comprometen a mostrar tu nombre y enlace a tu página web y a tu producto/servicio y a no modificar el contenido original.

A algún punto te podrías preguntar si no le estarás haciendo el trabajo a otros pero, en realidad, un pequeño artículo tuyo podría mostrarse en muchos blogs atrayendo más lectores que se puedan sentir atraídos a tu página web y, por ende, a tu producto.

Cuando subas un artículo a un directorio, deberás tener en cuenta los siguientes aspectos:

- Utiliza contenido original y nuevo. Puedes crear contenido tú mismo o, si crees que no tienes el suficiente talento o tiempo, siempre puedes utilizar contenido de dominio público o PLR. Tan sólo has de decidir sobre qué quieres hablar y buscar información en Google, introduciendo el tema que deseas buscar más las palabras PLR o dominio público. Por ejemplo, si decides escribir sobre dietas introduce palabras como perder peso + dominio público o PLR. Este tipo de contenido es gratuito y muy variado y a menudo te puedes encontrar artículos o informes de gran calidad.

El contenido PLR debe ser mostrado tal cual e incluir el nombre de su autor original y puede (normalmente este es el caso) estar duplicado en multitud de sitios.

Por tanto, cuando utilices este tipo de contenido, deberás re-escribir alrededor del 70%-80% del contenido con el fin de obtener un artículo único y original que te brinde la oportunidad de atraer más visitantes y tráfico a tu sitio y de comenzar a crearte una reputación como autor, ya que, al modificar ese porcentaje de contenido no tendrás que incluir el nombre del autor original sino el tuyo.

- Lee algunos artículos en directorios de artículos relacionados con tu nicho y selecciona ideas para nuevos artículos sobre el sector.

- Los sitios de dominio público ofrecen mucho material gratuito como programas de software, libros, libros electrónicos, músico, formatos de diseño, imágenes, etc., los cuales son muy útiles a la hora de crear artículos creativos. Simplemente has de buscar por dominio público en buscadores como Google.

- Los artículos deben contener entre 300 a 500 palabras, incluyendo palabras claves atrayentes.

- Los artículos deben resultar interesantes y estar relacionados con los productos/servicios ofrecidos en tu sitio web, informando y dando soluciones pero evitando convertirlos en meras cartas de venta o no serán publicados en los directorios.

Si vendes libros impresos o electrónicos, escribe un artículo relacionado con el tema de tu nicho. Al incluir el artículo en un directorio puedes añadir una frase como "si desea más información, puede encontrar un libro sobre el tema en el siguiente enlace: añade el enlace a tu producto o página web".

- Encuentra lo que buscas para tu nicho utilizando los buscadores de palabras claves. Realizando una pequeña investigación puedes descubrir qué es lo que busca la gente y ofrecer una solución nueva a un problema de toda la vida como "cómo quitar una mancha de una alfombra" o "cómo construir una estantería".

- Se creativo y verás cómo tus artículos se extienden por la red. Si tienes una historia graciosa que contar sobre cómo te topaste con la solución a un problema o algo similar, añádela en tus artículos.

- Los títulos más exitosos son los que incluyen un número ("Cómo Adelgazar en 4 Semanas"), revelan un misterio ("Los Secretos de...") u ofrecen soluciones ("Cómo...").

- Crea un listado de pasos a seguir para realizar una tarea. A la gente le encanta que le expliquen todo paso a paso utilizando símbolos o números que hagan la vida más fácil.

- Recuerda que cada directorio de artículos tiene sus propias normas para la inserción de material. Léelas atentamente y asegúrate de que las entiendes o correrás el riesgo de que tu artículo no sea publicado.

- Puedes contratar un servicio de inserción de artículos el cual insertará tus artículos en cientos de directorios por un precio razonable. Sin embargo, ten en cuenta que este servicio normalmente funciona con un software que no lee las normas de inserción de cada directorio y deberás estar preparado para que te rechacen el artículo en algunos de esos directorios.

- Algunos directorios de artículos son: www.ezinearticles.com/, www.articledashboard.com/ o www.articlemarketer.com.

Si tienes más dinero que tiempo para invertir en tus artículos, contrata los servicios de un freelance y te ahorrarás muchos dolores de cabeza.

Existen páginas donde puedes encontrar profesionales (escritores, diseñadores, programadores, etc.) altamente cualificados a precios razonables. Las mejores páginas son: Elance (www.elance.com) ; Rent a Coder (www.rentacoder.com) ; ScriptLance (www.scriptlance.com) y Fiveer (www.fiveer.com).

Cuando ofreces un trabajo a un profesional en uno de estos sitios, tienes total control sobre cuánto quieres pagar por ello.

Recuerda pedir ejemplos de trabajos anteriores (y referencias si fuera posible) y pedir al profesional que firme un acuerdo confidencial el cual incluya una clausula que especifique que el freelance renuncia a cualquier derecho de copyright tras aceptar el pago estipulado.

Otra opción es darte un salto a una facultad local y buscar algún estudiante que esté dispuesto a hacer el trabajo a cambio de un precio razonable.

Capítulo 14: Cómo Generar Tráfico

Una vez que establezcas tu sitio web o blog, es fundamental que enfoques tus esfuerzos en mejorar el ranking de tu página en los buscadores online.

Para conseguir esto, incluye contenido nuevo prácticamente todos los días. Sube un artículo largo y de calidad una vez a la semana y noticias cortas o posts diariamente.

Puedes subir algunos videos o imágenes, ya que, el contenido multimedia es capaz de generar mucho tráfico. No te preocupes que no tienes que crear los vídeos o imágenes, ya que, los puedes "tomar prestados" de páginas como YouTube.

Has de saber que la principal fuente de generación de tráfico se encuentra en los directorios de artículos como http://www.ezinearticles.com y en plataformas sociales como www.facebook.com , www.twitter.com, www.digg.com o www.boardreader.com donde tu mensaje llegará a cientos de miles de usuarios.

La clave para generar tráfico es presentarte a ti mismo como un experto en el sector. Puedes conseguir este objetivo participando en foros relacionados con tu nicho y plataformas como www.answers.yahoo.com ofreciendo soluciones a las preguntas y problemas expuestos por los otros usuarios.

Con el paso del tiempo puedes añadir comentarios como: "si necesita más información, puede visitar mi blog o página web". Haciendo esto continuamente, generarás una gran cantidad de tráfico e incluso algunas ventas, ya que, la gente te verá como un experto y se fiarán de ti porque les has estado solucionando sus problemas.

Para finalizar, puedes utilizar un programa software como www.uniquearticlewizard.com que te subirá tus artículos, informes o noticias a cientos de páginas en tan sólo unos segundos, permitiéndote subir en el ranking de resultados en muy poco tiempo.

Obviamente, tendrás que invertir algo de dinero y, por tanto, quizás es buena idea esperar unos meses antes de contratar uno de estos programas.

Capítulo 15: Cómo Promocionar tu Nicho

Para ganar dinero con tu página web, necesitarás atraer al mayor número de visitantes posible. Para ello tendrás que:

Convertirte en un Experto

Únete a foros y blogs relacionados con tu sitio web y visítalos con regularidad, subiendo comentarios, contestando preguntas y ofreciendo soluciones a problemas. Es vital que sigas aprendiendo constantemente para que puedas mantenerte en contacto con las nuevas tendencias en el mercado.

Después de presentarte, lee las normas del foro para saber cómo funciona y que categorías existen mientras te familiarizas con los administradores, moderadores y miembros más activos. El siguiente paso sería subir un comentario amigable y crear una firma que aparezca al final de cada post, mensaje o email que envíes y la cual incluirá el nombre y enlace de tu sitio y será capaz de extenderse con gran facilidad por la red creando un efecto viral.

Si te acabas de unir al foro e intentas promocionar tus artículos rápidamente, nadie te va a comprar nada porque los miembros del foro no te conoces y no se fían de ti. Es más, lo más probable es que te "inviten" a abandonar dicho foro.

Para tener éxito en un foro, tendrás que crearte una reputación de experto antes de que puedas ofrecer tus productos/servicios de manera sutil. Por tanto deberás participar en el foro y ser lo más activo posible, respondiendo preguntas y ofreciendo soluciones. Facilita enlaces a recursos gratuitos y brinda tus propios productos de manera gratuita (informes, pequeños libros electrónicos, etc.) para ganarte, poco a poco, la confianza de los miembros del foro. El siguiente paso consistirá en añadir una frase como "si necesita más información, visite esta página" y añade el enlace a tu sitio" cuando des una respuesta o solución a un problema.

Piensa en la posibilidad de crear un foro en tu propia página para estimular la interactividad de tus visitantes.

Aquellos visitantes que tengan una experiencia satisfactoria en el foro, volverán cuanto tengan un problema o duda que resolver o simplemente por participar en una actividad social.

Es más, si tus visitantes quedan satisfechos con tu producto/servicio o contenido, podrán hablarle a sus conocidos sobre tu página y recomendar tus productos aumentando tu visibilidad y número de clientes.

Comunícate con Tu Nicho

Los consumidores cada vez son más exigentes además de tener más opciones entre las que elegir con un simple click.

Por ello, es indispensable construir una buena relación con tus visitantes y clientes a través de newsletters, productos gratuitos y artículos interesantes. Facilita información fiable y de valor y tus clientes volverán a ti para buscar más información o encontrar soluciones a sus problemas.

Crea un Dominio Único

Esto conseguirá que tu página tenga un aspecto muy profesional y fiable para tus visitantes.

Utiliza   BuyDomains

(http://www.buydomains.com)   o

Nameboy   (http://www.nameboy.com),

entre otras.

Convierte a tus Competidores en Aliados

Desarrolla relaciones de negocio convirtiendo a tus competidores en aliados. Si encuentras un blog relacionado con tu nicho, recuerda que algunos estarán dispuestos a subir tus artículos y ofrecer tus productos gratuitos o bajos de precio a sus lectores.

Puedes encontrar emprendedores que ofrezcan productos en tu sector pero en un área diferente y a los que podrás ofrecerles un programa de intercambio de enlaces (tú muestras su enlace en tu página y él muestra tu enlace en la suya).

A través del cual ambos podrán tener acceso a las bases de clientes de cada aumentando sus beneficios mutuos.

Intercambiar enlaces con otros administradores de páginas web es una tarea esencial si deseas mejorar tu ranking en los resultados de los buscadores online, los cuales creerán que tu sitio es más profesional, serio y relevante si contiene enlaces de calidad. Un sitio recomendable para encontrar intercambios de enlaces de calidad es Linkmarket (http://www.linkmarket.net).

Desarrolla un Listado de Correos y una Base de Clientes

Un listado de correos electrónicos es un modo barato y efectivo de mantenerse en contacto con sus clientes y ofrecerles incentivos para que vuelvan a tu página.

Los mensajes de correo electrónico son muy fáciles de mantener y se pueden personalizar fácilmente gracias a ciertos programas de software.

Por otro lado, también se deberá establecer una base de datos de posibles clientes. El modo más rápido de desarrollar esta base de datos es ofrecer algo de manera gratuita como un informe, webinar, programa software, libro electrónico, curso online, audio, etc.

Otra opción para expandir tu base de clientes es buscar cuentas de facebook y twitter que estén especializadas en el sector de tu libro electrónico o informe y pregúntale a los administradores de esas cuentas si estarían interesados en ofrecer uno de tus productos gratuitos a sus seguidores a cambio de que dejen una dirección de email.

De esta manera, aumentarás tu base de clientes y el flujo de tráfico a tu página web.

Se puede crear una base amplia de clientes (presentes y futuros) a través de una "aventura conjunta" (joint adventure) con otras páginas web relacionadas con tu nicho pero que ofrezcan un producto algo distinto o complementario del tuyo.

Ponte en contacto con los responsables de estas páginas y pregúntales si estarían interesados en realizar una promoción recíproca e intercambio vuestras bases de datos de clientes.

Utiliza Vídeo Marketing

Utiliza plataformas de videos como Youtube o Metacafe las cuales pueden ser muy útiles a la hora de desarrollar una campaña de marketing en la red, ya que, incluir un enlace que conecte con una de estas páginas en la descripción de un video hará que tu tráfico se multiplique casi instantáneamente.

Únete a Programas de Afiliación

Un programa de afiliación es cuando promocionas los servicios o productos de otra compañía a cambio de una pequeña comisión que recibirás cada vez que alguien compre un producto o enlace con la página de la compañía a través de un anuncio incrustado en tu sitio web.

También existe la posibilidad de recibir una comisión cada vez que alguien haga un click en la URL de la compañía expuesta en tu página.

En ambos casos, la URL de la compañía contendrá un código especial que permitirá seguir la actividad de tu cuenta de afiliación y saber cuando se produce una venta o enlace desde un anuncio incluido en tu página web.

Únete a programas de afiliación como www.amazon.com, www.ebay.com, www.commissionjunction.com, www.bestby.com, www.associateprograms.com o www.clickbank.com.

Es posible encontrar un programa de afiliación apropiado introduciendo las palabras "programa de afiliación" o "programa para afiliados" o "affiliate marketing" en Google seguidas o precedidas del título de tu nicho.

A la hora de elegir un programa de afiliación, ten en cuenta que es fundamental que aparezcan en las primeras páginas de resultados de los buscadores online porque esos programas serán más productivos y te ayudarán a aumentar la reputación de tu sitio web.

Simplemente elige unas diez páginas o programas que te pudieran interesar y lleva a cabo un pequeño ejercicio de investigación con el fin de averiguar cuáles de ellas serían productivas.

Repite el proceso en los principales buscadores online y tendrás unos cuantos programas de afiliación de lo más interesante. Si ninguna de esas páginas está directamente relacionada con tu nicho, contacta con los administradores y preséntales tu producto o servicio. Quizás alguno de ellos esté dispuesto a desarrollar un programa en tu nicho y compartir beneficios.

Incluir Anuncios de Google AdSense

Google tiene un programa estupendo para aquellos propietarios de páginas web que deseen ganar algo de dinero extra añadiendo anuncios en su sitio.

El servicio, Google AdSense, es gratuito y darse de alta es sumamente fácil.

Tan sólo se ha de visitar la página (http://www.google.com/ads) y firmar para unirse al programa. Entonces, Google te facilitará un código html para copiar y pegar en tu página web y fin del proceso.

Aunque Google decide qué anuncios pueden aparecer en tu página, tú puedes decidir dónde y cómo van a ser mostrados, eligiendo los colores, bordes, etc.

Incluir Anuncios de Pago-por-Click

Este servicio funciona mostrando un listado de anuncios en tu página web y ofreciéndote una pequeña comisión cada vez que alguien pinche en el anuncio. La comisión varía desde $0.01 a $100 dependiendo de la compañía que coloca el anuncio, aunque lo más normal es que ofrezcan tan sólo unos pocos céntimos.

Por lo general, las grandes compañías de seguros son las que dan las mejores comisiones y podrías conseguir un extra nada despreciable si eres capaz de atraer una cantidad decentes de lectores que pinchen en los anuncios.

Ten en cuenta, que los buscadores online tienen programas de software que detectan cuando una persona hace clicks de manera irregular, estando esta actividad considerada un fraude que puede llegar a tener consecuencias legales serias.

Para insertar anuncios de pago-por-click en tu página, tendrás que seguir un proceso similar al requerido en las páginas de marketing de afiliación, aunque las páginas de pago-por-click son, por lo general, menos estrictas y más dispuestas a aceptar nuevos miembros.

Podrás mostrar todos los anuncios que desees siempre que tu sitio ofrezca contenido interesante para tus visitantes.

Utilizar RSS

Otra herramienta de marketing gratuita es la llamada "Really Simple Syndication" o RSS. El RSS es una especie de diario que creas en tu página y en el cual puedes incluir parte de tu contenido. El contenido seleccionado puede ir desde artículos a promociones u ofertas pasando por actualizaciones de contenido o información sobre eventos especiales. Este contenido será añadido a un documento RSS y registrado en un publicista de RSS y los visitantes a tu página se pueden registrar para recibir actualizaciones de contenido en forma similar a una newsletter o notas de prensa.

Si tienes conocimientos técnicos, existen un gran número de programas que te pueden ayudar en tu empeño. Si ese no es el caso, siempre puedes contratar los servicios de un profesional freelance quién hará el trabajo por ti.

La clave del éxito es crear contenido útil y breve teniendo en cuenta las características de tu audiencia. Elige la categoría adecuada para que llegue a una audiencia especializada y, así, evitar que tu contenido se pierda en un gran agujero negro. Si el contenido puede ser útil e interesante para diversas audiencias, súbelo a varias categorías.

Crea Multitud de Páginas

Cada vez que publiques contenido nuevo en forma de texto, video, audio o imágenes, estás creando una nueva página casi automáticamente. Intenta introducir el mayor número posible de categorías y páginas en tu sitio web porque atraerás aún más a los buscadores online. Construye una página por cada producto que ofrezcas, optimizándola con las palabras claves y enlaces y facilitando información relevante a tus clientes potenciales.

Venta Directa

Vender productos o servicios en tu página web es relativamente fácil, porque una audiencia atraída por el contenido de un sitio es el mejor cliente.

Sólo has de decidir si crearás el producto tú mismo y lo envías a tus clientes o comprarás al por mayor para vender al detalle.

Ofrece Libros e Informes con Derechos de Re-Venta

Mucho de este material es gratuito y lo puedes vender por unos cuantos céntimos sin haber invertido nada de tiempo ni dinero en el producto.

Ofrece Alquiler de Productos

En vez de vender los productos (o alguno de ellos), puedes ofrecer a tus visitantes la posibilidad de "tomarlos prestados" a cambio de un precio razonable.

Capítulo 16: Ser un Bloguero en tu Nicho

Convertirse en bloguero es una práctica que se ha hecho de lo más popular en los últimos años porque no requiere una gran inversión de dinero y garantiza un ingreso extra sin los dolores de cabeza de tener que enviar productos y atender quejas de los clientes.

Tan sólo se requiere estructurar y actualizar un blog con nuevo contenido de manera regular.

Hay dos puntos principales a tener en cuenta a la hora de desarrollar un blog enfocado en un determinado nicho: que el blog requiere actualizaciones constantes para fidelizar a los visitantes y que un blog dedicado a un nicho debe estar lo suficientemente enfocado en ese nicho de manera que sea capaz de atraer al mercado correcto.

Para crear un blog puedes utilizar plataformas como www.blogger.com o www.wordpress.com pero teniendo en cuenta que la mayoría de estas plataformas no permiten o restringen la inserción de anuncios. Esto significa que te será más complicado generar dinero con un blog que con una página web. Además, las plataformas que sí permiten anuncios, como wordpress, se reservan el derecho a modificar los términos y condiciones de este servicio.

Otra opción es comprar un domino propio y contratar los servicios de una página de hosting. De esta manera, tendrás más control sobre lo que se publique en tu blog y serás capaz de mostrar todos los anuncios y programas de afiliación que te plazca.

Mientras creas el blog, deberás tener siempre en mente tu nicho de mercado y desarrollar un diseño profesional, sencillo, sin faltas de ortografía o gramática y perfectamente optimizado con palabras claves.

Crear un blog dedicado al nicho donde deseas realizar tu actividad profesional te ofrecerá la posibilidad de:

(a) Participar en una Comunidad

MyBlogLog (www.mybloglog.com) es una red social que establece comunidades de blogueros y les permite tener un perfil que incluye una fotografía o avatar y una tarjeta de visita que se denomina calling card.

Incluir un enlace a MyBlogLog en tu blog es un buen modo de atraer otros blogueros además de poder dejar tu tarjeta de visita (calling card) cuando visites otros blogs aumentando tu presencia en la red e invitando a otros a visitar tu sitio.

(b) Inter-actuar

Los blogs permiten interactuar con otros lectores y blogueros, mientras que a los visitantes les brindan la oportunidad de dejar sus comentarios, opiniones y pensamientos. Interactuar constantemente con los lectores hace que poco a poco se vaya construyendo una reputación de experto y la sensación de pertenecer a una comunidad.

Una vez que se afiance esa relación, puedes comenzar a recomendar tus productos/servicios a tus lectores quienes estarán más abiertos a aceptarlos porque confiarán en ti.

(c) Mejorar el Resultado en los Buscadores

Los buscadores online tienen un programa llamado "bot" y conocido como "spider" (araña) que busca nuevo contenido para incluir en el ranking de resultados.

Básicamente esto significa que cuanto más se actualice un blog, más a menudo será visitado por los buscadores online lo cual ayudará a mejorar su posición en el ranking de resultados.

No te olvides de incluir enlaces a otros blogs en el tuyo para que los buscadores incluyan tu blog en sus índices lo más rápidamente posible.

Crear un Blog con Wordpress

De todos los servidores de blogs disponibles quizás Wordpress es el más completo y profesional. Además, cuenta con una serie de ventajas:

(i) Se puede crear contenido de calidad con un simple "copia y pego". Wordpress le ofrece la posibilidad de publicar inmediatamente o programar la publicación para una fecha en concreto.

(ii) Atraer a los buscadores online en vez de optimizar la página constantemente. Wordpress tiene una aplicación que cuando se activa atrae a los buscadores de manera automática.

iii) Manejar el contenido fácilmente con el uso de categorías y sub-categorías.

(iv) Enlazar todas las páginas la una a la otra de manera automática.

(v) Mejorar tu ranking en los resultados de los buscadores a través de una función disponible en Wordpress.

(vi) Cambiar siempre que quieras el aspecto de las páginas, utilizando temáticas y colores con el fin de atraer a los visitantes.

(vii) Insertar anuncios de Google Adsense y/o vender productos a través de programas de afiliación.

Cómo Atraer Tráfico a tu Blog

Hay muchas maneras de atraer tráfico a tu blog como crear diferentes categorías (con poderosas palabras claves incluidas en los títulos de estas categorías) con lo cual se insertará más contenido y se atraerán a los buscadores. Si introduces artículos y noticias perfectamente optimizados con palabras claves, al final tendrás cientos de páginas enlazadas a tus categorías principales.

Los textos estarán enlazados a las palabras claves utilizadas en los títulos de las categorías lo cual hará que el blog suba en el ranking de resultados rápidamente.

Durante el primer mes, es recomendable añadir al menos un artículo breve o contenido multimedia cada día para atraer el mayor flujo de tráfico posible y, de paso, a los buscadores online.

El siguiente paso es insertar tu blog en la categoría más acorde de los directorios de blogs.

A continuación, deberás utilizar un servicio Ping (los más importantes son www.pingomatic.com y www.kping.com), el cual consiste en enviar un mensaje o "ping" a los mejores directorios cada vez que añadas contenido nuevo a tu blog.

Tener la posibilidad de enviar un 'ping' anunciado una actualización a todos los directorios significa que los buscadores online no necesitan visitar los blogs de manera regular para descubrir contenido nuevo mientras que este contenido es publicado en la red más rápidamente.

Tan sólo tienes que introducir la URL de tu blog y el servidor de ping enviará un mensaje (o ping) a Yahoo, Google y otros directorios de gran peso los cuales enviarán las "spiders" de manera inmediata.

Si utilizas un servicio gratuito como www.blogger.com, necesitarás enviar un ping a los directorios de manera manual mientras que Wordpress enviará ese ping automáticamente cada vez que publiques contenido nuevo.

Otra manera de atraer tráfico a tu blog es a través de un servicio RSS. Al presentar tu nuevo blog a los directorios, conseguirás atraer tráfico de manera inmediata. Muy a menudo este servicio es capaz de atraer más flujo de tráfico que todos los buscadores juntos.

Uno de los mejores directorios RSS a los que deberías subir tu blog es www.kping.comhttp://www.masternew media.org/rss/top55/.

Una vez hayas subido tu blog a los directorios, Yahoo lo pondrá de manera inmediata en su índice al añadir un mensaje RSS en tu perfil en MyYahoo.

Tan sólo has de visitar www.yahoo.com y pinchar en el enlace "MyYahoo" para abrir una cuenta gratuita. Entonces, pincha en "Añadir Contenido" y añade la URL de tu blog en el apartado "Encontrar Contenido" y tu blog será colocado en el índice de Yahoo en tan sólo dos días. Al subir un mensaje RSS, Yahoo y MSN te lo introducirán en los buscadores en menos de 24 horas.

Estas, aparte del hecho de que un blog es capaz de atraer tráfico dos veces más rápido que una página web, son las principales razones por las cuales tiene más sentido crear un blog que una página web.

Capítulo 17: Múltiples Fuentes de Ingreso

Recuerda que hay muchos otros vendedores compitiendo contigo y que si sólo tienes una página estarás poniendo todas tus expectativas en un sólo producto/servicio. En caso de que tus competidores se hagan con el control del mercado perderás dinero, pero si tienes 4 ó 5 páginas que ofrezcan distintos productos/servicios y tus competidores te sobrepasan en un sector, todavía podrás contar con entre el 75 al 85 por ciento de los ingresos procedentes de las otras páginas.

En otras palabras, es buena idea tener más de una fuente de ingreso a través de distintas páginas que, aunque no es necesario, pueden estar relacionadas o enlazadas entre sí.

Durante los meses en los que tu negocio está despegando, puedes comenzar a pensar en futuros proyectos y construir una segunda página web y seguir pensando en más ideas que puedan ser transformadas en negocios.

La tarea principal aquí es controlar los gastos como el coste de los anuncios y los gastos de mantenimiento de las páginas web y envíos (si ese fuera el caso).

Deberás construir una base de clientes y un listado de correos electrónicos por cada producto o servicio que ofrezcas.

Tener diferentes fuentes de ingreso es prácticamente una obligación en el mundo de los negocios online. El sector del Internet Marketing es cada vez más competitivo y los novatos tienen cada vez menos posibilidades de encontrar un hueco en el mercado. Por ello, encontrar diferentes nichos y crear una página web dedicada a cada uno de ellos es la mejor solución.

Imagina tener una página dedicada a un nicho de mercado capaz de generar $20 cada día y alrededor de $7300 al año. Ahora, pregúntate a ti mismo cuántas páginas serías capaz de crear y manejar teniendo en cuenta el tiempo y esfuerzo que cada una necesita.

Quizás, trabajando duro y actualizando tus páginas de manera regular, serás capaz de llevar entre 4 a 6 páginas y esto significa que tendrás unos ingresos anuales de entre $29200 y $43800.

En resumen, necesitas buscar y encontrar un nicho productivo; crear productos/servicios adecuados; establecer un blog o página web y varios perfiles en redes sociales; desarrollar una estrategia de marketing online y repetir el proceso una y otra vez.

Capítulo 18: Conclusión

Internet ha cambiado el modo en el que consumimos bienes y, por tanto, el modo en el que visualizamos posibles clientes y desarrollamos distintas estrategias de marketing.

Internet ofrece increíbles oportunidades para capitalizar ideas y establecer negocios que generen suficiente dinero para pagar facturas o incluso para ganar un sueldo de lo más decente. En internet el cliente tiene acceso a cualquier producto o servicio con un sólo clic, pudiendo disfrutar de una gran selección de precios y pagando desde la comodidad de su hogar sin tener que hacer colas.

Pero no sólo el cliente se beneficia de la actual cultura online; los pequeños y grandes empresarios también pueden llevar a cabo su actividad desde su casa. Los beneficios son muchos: librarse de jefes abusivos; ahorrarse mucho tiempo y dinero en transporte y fijar horarios flexibles que permitan pasar más tiempo con los amigos y familiares.

Una de las mejores maneras de triunfar en el mundo de los negocios online es enfocando los esfuerzos en un nicho de mercado porque al facilitar servicios a una fracción reducida del mercado se podrá obtener un pedacito del pastel.

Una gran ventaja de los nichos es que no se ha de pelear con competidores para establecer una reputación porque al especializarse en un sector o área, los competidores desaparecerán del panorama.

Recuerda que crear un nicho no significa que se debe inventar algo totalmente innovador sino, quizás, mejorar ideas ya desarrolladas, dándole un nuevo enfoque a viejos problemas.

El siguiente paso consiste en ponerse manos a la obra, desarrollar un plan de negocio y comenzar el negocio. Asegúrate de no convertirte en una de esas personas que acumulan toneladas de información, leen infinidad de libros y adquieren conocimientos inimaginables pero luego no llevan todo eso a la práctica implementado su negocio y progresando hasta llegar al éxito.

No es necesario tener estudios universitarios o experiencia en diseño de páginas web para crear un sitio web.

Simplemente haz algo de investigación online; deja que el mercado te dicte que producto necesitas crear; desarrolla un producto o servicio que satisfaga las necesidades de un cierto nicho y comienza a vender mientras sigues aprendiendo y manteniendo tus conocimientos actualizados.

Pero recuerda que poner tiempo y energía en buscar ese nicho y analizar su viabilidad antes de desarrollar tu producto/servicio y llevar a cabo tu estrategia de marketing o te verás a ti mismo intentando vender un producto que nadie quiere con la consiguiente pérdida de tiempo y dinero.

Tampoco has de olvidar que cualquier método por bueno que sea no funcionará al menos que se esté dispuesto a ponerlo en práctica. Tras leer este libro, tendrás toda la información que necesites para comenzar tu andadura en el fascinante mundo de los nichos online. Ahora, eres tú y sólo tú el responsable de que tus sueños se hagan realidad.

Leer este libro es el primer paso pero no es suficiente para triunfar en un nicho de mercado porque comprar un producto no te garantiza el éxito. Por tanto, comienza a trabajar duro por tus sueños; pon tus ideas en práctica para poder obtener resultados positivos y no olvides esto: no compitas, se genuino.

¡Este es tu momento y este es tu año!

Índice de Ilustraciones

8. Escribir Artículos. Autor: The Italian Job on commons.wikipedia.org bajo licencia creativecommons.org/licenses/by/2.0/deed.es

9. Twitter. Autor: Rosana Ochoa en www.flickr.com bajo licencia creativecommons.org/licenses/by/2.0/deed.es

10. Comunidades y Foros. Autor: Cortega9 en commons.wikipedia.org bajo licencia creativecommons.org/licenses/by-sa/3.0/deed.es.

11. Blog. Autor: Cortega9 en commons.wikipedia.org bajo licencia creativecommons.org/licenses/by-sa/3.0/deed.es.

12. Símbolo de Ping. Autor: jb2.0 en www.flickr.com bajo licencia creativecommons.org/licenses/by/2.0/deed.es.

13. Marketing Online. Autor: FindYourSearch en www.flickr.com bajo licencia creativecommons.org/licenses/by-sa/2.0/deed.es.

www.ingramcontent.com/pod-product-compliance
Lightning Source LLC
Chambersburg PA
CBHW051318170526
45166CB00002B/600